Fr. Carl Reinh Ritter

Erklärung einiger Stellen in Caesar de bello Gallico

Fr. Carl Reinh Ritter

Erklärung einiger Stellen in Caesar de bello Gallico

ISBN/EAN: 9783744635097

Hergestellt in Europa, USA, Kanada, Australien, Japan

Cover: Foto ©Thomas Meinert / pixelio.de

Weitere Bücher finden Sie auf **www.hansebooks.com**

Erklärung einiger Stellen

in Caesars Denkwürdigkeiten des gallischen Krieges

von

Dr. Fr. Carl Reinh. Ritter.

Jul. Caesar de bell. gall. VII, 19, 1, 2.

Collis erat leviter ab infimo acclivis. Hunc ex omnibus fere partibus palus difficilis atque impedita cingebat, non latior pedibus quinquaginta. Hoc se colle interruptis pontibus Galli fiducia loci continebant generatimque distributi in civitates omnia *vada* ac *saltus* ejus paludis obtinebant, sic animo parati, ut, si eam paludem Romani perrumpere conarentur, haesitantes premerent ex loco superiore; ut, qui propinquitatem loci videret, paratos prope aequo Marte ad dimicandum existimaret, qui iniquitatem conditionis perspiceret, inani simulatione sese ostentare cognosceret.

Für die Worte saltus ejus paludis hat man bis jetzt vergeblich eine auch nur einigermassen in den Zusammenhang passende Erklärung zu geben versucht; und doch liegt ihre Bedeutung für denjenigen ganz nahe, der überall auf die *Grundbedeutung* der Wörter zurückzugehen gewöhnt ist, um daraus die geschichtliche Entwickelung ihres Sprachgebrauchs sowie den Sinn einer jeden besonderen Stelle zu erkennen.

Was zuvörderst den *Text* unsrer Stelle angeht: so steht derselbe so fest, wie er nur an irgend einer Stelle Cäsars stehen kann, und er wird daher auch von den besten und neusten Kritikern in unveränderter Weise reproducirt. Kraner schliesst die Worte ejus paludis hinter saltus in die kritische Klammer ein. Allein dazu bietet die Ueberlieferung des Textes durchaus keine Veranlassung dar, und man merkt dieser Operation zu sehr die Verzweiflung an, als dass sie für richtig und rettend gelten könnte.

1

Eben so ungerechtfertigt und nutzlos ist es, unsrer Stelle durch Konjekturen helfen zu wollen, was H. J. Heller im Philologus von E. v. Leutsch (Göttingen 1858. XIII. S. 397) versucht. Er will »salicta« statt saltus lesen und fügt zur Rechtfertigung hinzu: »Salices *in* paludibus nasci, si nondum videretur constare inter omnes, doceret Ovid. Met. XI, 363:

Juncta palus huic est, densis obsessa salictis.

Et in salictis latere consuesse milites in insidiis collocatos, auctor est Liv. XXV, 17, 1: Cum forte inter salicta innata ripis laterent hostes. — Aber *im* Wasser des Sumpfes wird wohl noch niemand Weiden haben wachsen sehen; sie lieben blos die *Ufer* der Flüsse, Bäche und Sümpfe, wie dies übrigens auch Livius ganz deutlich aussagt: salicta innata ripis. Sodann ist unglücklicherweise bei Livius gar nicht von Römern, sondern von Puniern die Rede, welche den Prokonsul Tib. Sempronius Gracchus in Lukanien in einen Hinterhalt locken und tödten. Ja Livius berichtet dies nicht einmal als Thatsache, sondern nur als Gerücht. Den wahren Hergang erzählt er am Ende des vorigen Kapitels. Und wenn Livius selbst sagt: *forte* latebant hostes: so wird Heller doch daraus keine consuetudo, weder der Römer noch der Punier und an unsrer Stelle der Gallier, sich hinter Weidenstümpfe zu verstecken, herleiten wollen. Denique, sagt Heller, satis pronum fuisse opinor librariis, »salicta« et »saltus« commutare. Aber schwerlich wird jemand den Bücherabschreibern Schuld geben, eine ganz leicht verständliche Lesart in eine völlig für sie unverständliche umgewandelt zu haben.

Schade, dass man nicht auch an dem Zahlworte quinquaginta rütteln kann, was schnell aus aller Verlegenheit retten würde. Denn wenn man statt quinquaginta auch nur quingentis lesen wollte: so würde diese Verzehnfachung der Breite des Sumpfes sehr schlecht zu den Worten des gleichfolgenden Satzes passen: ut, qui propinquitatem loci videret, paratos prope aequo Marte ad dimicandum existimaret. Ebensowenig zu dem Anfange des weiter folgenden Satzes: Indignantes milites Caesar, quod conspectum suum hostes perferre possent *tantulo* spatio interjecto — edocet etc.

Gehen wir nun zur Feststellung der Bedeutung des Wortes saltus über. In der gewöhnlichen Bedeutung »Waldgebirge« ist es sicher und nach allgemeiner Annahme verwandt mit dem griechischen ἄλσος. Dieses hat dieselbe Wurzel, wie ἄλδω, ἀλδαίνω, ἄλθω, ἀλθαίνω, ἄλσω, alo, alle mit dem Sinne: wachsen machen, gross machen, nähren. Und fügen wir noch den Namen für den heiligen Hain des Zeus in Olympia (Pindar. Olymp. 10, 55), das eleische Ἄλτις, ιος hinzu: so sehen wir, wie am Ende der Wurzel die Zungenbuchstaben δ, ϑ, τ, σ mit einander wechseln, wodurch die Ableitung des Wortes saltus von derselben Wurzel wohl als gesichert zu betrachten sein dürfte.

Wenn wir nun, wie dies gewöhnlich geschieht, saltus durch »Waldgebirge« übersetzen: so scheinen folgende 5 Merkmale für diesen Begriff festgehalten werden zu müssen: 1) Wald, 2) darin befindliche Weideplätze, 3) Unebenheit des Bodens, oder Abwechselung von Berg und Thal, 4) ansehnliche Ausdehnung. Endlich ist 5) saltus wesentlich ein Naturprodukt, an welchem menschliche Thätigkeit gar nichts oder nur wenig geändert hat. Dadurch unterscheidet er sich von nemus und lucus. Mit dem Gesagten aber stimmen die Erklärungen der Alten im Wesentlichen überein. Festus erklärt nach Ael. Gallus (p. 244): *Saltus* est, ubi silvae et pastiones sunt, quarum causa casae quoque. Si qua particula in eo saltu pastorum aut custodum causa aratur; ea res non peremit nomen saltui, non magis quam fundi, qui est in agro culto, et ejus causa habet aedificium, si qua particula in eo habet silvam. Was aber fundus sei, erklärt Florentinus Dig. 50, 16, 211: *Fundi* appellatione omne aedificium et omnis ager continetur; und: idemque ager cum aedificio fundus dicitur.

Je nachdem nun das eine oder das andere Merkmal des Begriffes saltus hervorgehoben, ausgedehnt, oder im Gegentheil beschränkt werden soll, erhält das Wort verschiedene Attribute, als: vacuus, florifer, herbosus, viridis, magnus, vastus, silvester, opacus, riguus, umbrosus, fecundus, avius, invius, excelsus, incultus, periculosus, in artas coactus fauces.

Wie in aller Welt kann aber nun bei einem *Sumpfe*, der nur 50 Fuss breit ist, von *mehreren saltibus* die Rede sein? Wir wollen sehen, wie sich die Ausleger zu helfen wissen. Held hat in seiner Anmerkung zu unsrer Stelle nur die Worte: »saltus, waldige *Zugänge*«. Aber wird man wohl an andern Stellen eines klassischen Autors es zugeben, silva durch: waldigen Eingang, saxa durch holprigen Aufweg, flumen durch wässerige Anfurth, murus durch Uebersteigeplatz über eine Mauer zu erklären? Das ist nicht auslegen, sondern einlegen, was beliebt. Wo sollten denn auch die »waldigen Zugänge« sein? *Ausserhalb* des den Hügel umgebenden Sumpfes? Aber da waren ja gar keine Gallier, folglich konnten sie auch nichts besetzen (obtinere); denn es heisst: *hoc se colle, interruptis pontibus*, Galli fiducia loci continebant, und sie beobachteten und bewachten nicht etwa die waldigen Zugänge zum Sumpfe, aus welchen die Römer hätten hervorbrechen können, sondern es heisst *obtinebant* omnia vada ac saltus ejus paludis. Oder waren sie innerhalb des Sumpfes? auf einem kleinen Hügel will man ausgedehnte, unebene Waldstellen, und nicht eine, sondern mehrere suchen? Und konnte man dergleichen Stellen wohl »waldige *Zugänge*« und zwar ejus paludis nennen? Die Zugänge bildeten einige *Brücken*, die sie daher wohlweislich vorher abbrachen. Herzog sagt in der Anmerkung zu unsrer Stelle: »Das specifische Merkmal von saltus ist: unwegsamer, ungebahnter, dichter, an Schluchten und Engpässen reicher Wald. — Man wird nun saltus an unsrer Stelle zu deuten wissen: alle Fuhrten und Waldungen dieses Sumpfes, wo sie (doch wohl die Gallier) »leicht *umgangen* werden konnten«. Aber Herzog trägt den Gedanken der Möglichkeit eines Umgangenwerdens in die Stelle erst hinein. Die Gallier selbst fürchten nur einen offenen, geraden Angriff, das perrumpere, nicht ein Herumschleichen oder Ueberlisten. Sodann ist diese Begriffsbestimmung zu eng und widerspricht den obigen Erklärungen der Alten selbst. Wie kann man Waldungen auf einem so schmalen Sumpfstriche, wie kann man Schluchten und Engpässe in einem Sumpfe suchen, der doch seiner Natur nach auf der Ebene und in der Tiefe liegen muss? Endlich fürchten sich die Feinde auch nicht davor, dass die Römer sich durch solche *Wald*stellen oder Engpässe hindurch am Sumpfe vorbei schleichen; sondern die Worte si *eam paludem perrumpere* conarentur zeigen an, dass der *Sumpf* selbst, seine besondere Natur und Beschaffenheit, den Galliern Besorgnisse einflösse. Niemand wird bei den Worten haesitantes premerent daran denken, dass die Römer im dichten, undurchdringlichen Walde oder in der Enge der Felsschluchten von den Galliern überfallen werden sollten; sondern er muss denken, dass sie bei dem kühnen Uebergange bis an die Knie oder noch weiter im Wasser oder im Sumpfe stecken und so als impediti und perturbati mit Leichtigkeit von den Galliern zurück geschlagen werden können. Ueber diese ganze verfehlte Erklärungsweise bemerkt Nipperdey (C. Jul. Caesaris commentarii etc. Lips. 1847. p. 90. der Quaestiones Caesarianae): »In qua palude quemadmodum *saltus* commemorari potuerint, nulla ratione neque intelligi neque explicari potest. Nam et paludem planam atque demissam fuisse necesse est, et qui fieri potuit, ut in tam exiguo spatio, cum palus non esset latior pedibus quinquaginta, non unus, sed plures saltus essent? Nam is quidem, qui hic »waldige engpaesse« dieses sumpfes« interpretatur et saltus Thermopylarum ex Liv. XXXVI, 15. comparat, veritus videtur, ne ridendi materia hominibus deesset«.

Wenn demnach saltus an unsrer Stelle unmöglich weder Waldgebirge, noch waldige Zugänge, noch Waldungen überhaupt heissen kann, das Wort sich auch nicht aus dem Texte vertilgen, ja nicht einmal mit einem ähnlich klingenden vertauschen lässt: so bleibt wohl nichts anderes übrig, als sich nach einer neuen, bisher noch von keinem Ausleger gewagten Erklärung des Wortes saltus umzusehen. Wenn wir dann zu diesem Zwecke auf die Grundbedeutung des Wortes zurückgehen: so befolgen wir ein Verfahren, welches wohl das einzig richtige ist, um uns zum Verständniss einer alten Sprache zu führen und welches namentlich, beim Jugendunterrichte angewandt, stets vom bessten Erfolge begleitet wird. Das Wort saltus an unsrer Stelle ist nämlich gar nicht mit ἄλσος und Ἄλτις verwandt; sondern ist ein zweites Wort der lateinischen Sprache zwar desselben Klanges, welches aber auf die Wurzel der Zeitwörter salio, ἅλλομαι, *springen*, zurückführt. Dieses zweite Wort saltus bedeutet: locus, ubi saliendum est, commode iri non potest. Dieses ist es, welches in Stellen vorkommt, wie saltus Thermopylarum, Liv. 36, 15. Celeriter Pyrenaeos saltus occupari jubet. Caes. b. civ. I. 37. Ut ille latebris ac silvis aut saltibus se eriperet. Caes. b. g. VI. 43. Nemorum jam claudite saltus. Virg. Ecl. 6, 56, woselbst man doch nicht Bäume in den Wald wird tragen wollen. Und gerade wie ἅλμα (von ἅλλομαι) zuerst Sprung, sodann aber auch den *Ort*, *wohin* oder *worauf* man springt, δρόμος, zuerst Lauf, alsdann aber auch die Laufbahn, den Ort zum Laufen oder Umhergehen bedeutet: so scheint uns saltus an unsrer Stelle zuerst das Springen, den Sprung;

sodann aber auch den **Aufsprung**, den Platz worauf oder wohin man springen kann, Stellen zum Ueberspringen, zu bedeuten. Es sind sonach darunter solche Stellen jenes Sumpfes zu verstehen, wo derselbe entweder so schmal war, dass der gewandte und kräftige römische Soldat nach abgelegtem Gepäcke als expeditus (s. Kap. 18, 4: — Caesar celeriter sarcinas conferri, arma expediri jussit) in Einem Sprunge den jenseitigen Rand des Sumpfes erreichen, oder wo er auf einzelne trockne Stellen im Sumpfe, auf Steine, Baumreste, auf stehen gebliebene Brückenpfeiler (Hoc se colle *interruptis pontibus* Galli fiducia loci continebant), von einem zum andern springen und zuletzt den Fuss des Hügels, auf welchem sich die Gallier hielten, gewinnen konnte. — Zu dieser Erklärung bietet auch Cäsar selbst die Hand, wenn er fortfährt: ut, si *eam paludem* Romani *perrumpere* conarentur, *haesitantes* premerent ex loco superiore, d. h. nicht durch Wald-stellen, nicht durch Weidengebüsch, nicht durch Schluchten oder über Hügel sollten sich die Römer schleichen; sondern gerade durch den Sumpf selbst hindurch sollte der Angriff von Seiten der Römer forcirt werden. So besorgten wenigstens die Gallier. Und wenn dann die Römer durch Fehlsprünge oder durch das entstehende Gedränge in den Sumpf selbst geriethen und stecken blieben (haesitantes): so sollten sie dann vom Hügel aus, ex loco superiore überwältigt werden. In einer solchen Art der Vertheidigung scheinen die Gallier Meister gewesen zu sein; denn Cäsar erwähnt mehrmals, dass von Sümpfen umgebene Plätze von denselben zu Befestigungen gewählt worden seien. Vgl. b. g. I, 40, 8. II, 9, 1. 16, 4. 28, 1. IV, 38; besonders VIII, 7, 4, wo eine mit der unsrigen sehr ähnliche Oertlichkeit beschrieben wird. Auch VII, 57—58. hat sich Camulogenus hinter einer solchen palus difficilis atque impedita verschanzt und Labienus sieht sich genöthigt, nach Melodunum zurückzukehren und auf das andere Ufer der Seine überzugehen. Und wenn Tacitus (Germ. 5) von Deutschland sagt: Terra — aut silvis horrida aut paludibus foeda; *humidior*, qua *Gallias*, ventosior, qua Noricum ac Pannoniam adspicit: so wird Gallien noch feuchter, folglich auch reich genug an Sümpfen gewesen sein.

Wenn nun auch das Wort saltus in der oben angegebenen Bedeutung nur an dieser einzigen Stelle in den für uns noch vorhandenen Schriften des römischen Alterthums vorkommen sollte: so ist das kein Gegenbeweis gegen unsere Annahme, da gar manche andre lateinische Wörter dasselbe Schicksal haben. So kommt das Adjektiv detrimentosus nur Caes. b. g. VII. 33 vor; detendere in der Bedeutung: die Zelte abspannen kommt nur bei Caesar b. c. III, 85, 3 und bei Livius 41, 3 vor. Zu unsrer Rechtfertigung aber dient es, dass Cäsar häufig solche Substantiva verbalia auf us braucht, nicht blos um die Handlung, sondern auch um den *Ort, wo* sie statt findet, zu bezeichnen. So: ascensus b. g. VII, 85: agger ab universis in munitionem conjectus ascensum dat Gallis. I, 21: qualis esset *natura* montis et in circuitu *ascensus*. II, 33: qua minime arduus ad nostras munitiones *ascensus* videbatur. b. civ. II, 34: erat vallis inter duas acies, non ita magna, at difficili et arduo ascensu. — b. g. VII, 46, 1: Oppidi murus ab planitie atque initio ascensus MCC passus aberat. — ib. 45, 10 und 50, 1: alio ascensu, VIII, 14, 3 u. a. — So: despectus, Aussicht nach der Tiefe: b. g. II, 29: Oppidum ex omnibus in circuitu partibus altissimas *rupes despectusque* habebat. In gleichem Sinne VII, 80, 2. 79, 3. III, 14, 9. — *Descensus*, der Abstieg, abwärts führender Weg, b. g. VIII, 40: tormentis etiam contra facillimos descensus collocatis. — *Dejectus*, die gesenkte Lage, Niederung, b. g. II, 22: ut loci natura *dejectus*que collis et necessitas temporis postulabat. — II, 8, 3: collis ex utraque parte lateris *dejectus* habebat. Auch Stellen aus den Büchern de bello alexandrino, africano und hispaniensi dürfen benutzt werden, da ihnen wohl die schriftlichen Aufzeichnungen Cäsars selbst zu Grunde liegen. So finden sich prospectus b. alex. 15; accessus b. afr. 5, alex. 26, aditus u. a.

Wir glauben nicht, dass nach unserer Erklärung noch irgend welche Dunkelheit in diesen Worten Cäsars zurückbleibt und führen zum Schlusse nur noch eine Stelle aus dem 8. Buche an, welche mit der unsrigen soviel Aehnlichkeit hat, dass man ahnt, Cäsar müsse auch VII, 19 etwas der Art gesagt haben, nur dass noch niemand versucht hat, es in dem Worte saltus selbst zu suchen. Es heisst nämlich VIII, 13: Non intermittunt interim quotidiana proelia in conspectu utrorumque castrorum, quae ad *vada transitus*que fiebant *paludis*. Qua contentione Germani, quos propterea Caesar transduxerat Rhenum, ut equitibus interpositi proeliarentur, cum constantius universi paludem transissent paucisque resistentibus interfectis pertinacius reliquam multitudinem essent insecuti: perterriti non solum ii, qui aut comminus opprimebantur, aut eminus vulnerabantur, sed etiam qui longius subsidiari consuerant, turpiter refugerunt nec prius finem fugae fecerunt, saepe amissis superioribus locis, quam se aut in castra suorum reciperent, aut nonnulli pudore coacti longius profugerent.

Cäsar führt dort Krieg gegen die Bellovaker, von denen es Kap. 7, 3 heisst: A quibus (captivis) quum quaereret Caesar, inveniebat: Bellovacos omnes, qui arma ferre possent, in unum locum convenisse; locum castris *excelsum* in silva *circumdata palude* delegisse, impedimenta omnia in ulteriores silvas contulisse. — Cäsar schlug nun (Kap. 9) sein Lager dem feindlichen gegenüber so auf, dass ein schmales Thal zwischen beiden Parteien lag; und von dem darauf beginnenden Kampfe wird Kap. 10, 2 gesagt: Interim crebro paucis utrinque procurrentibus, inter bina castra palude interjecta, contendebatur; quam tamen *paludem* nonnumquam aut nostra auxilia Gallorum Germanorumque *transibant* acriusque hostes insequebantur, aut vicissim hostes *eadem transgressi* nostros longius submovebant. Dieser Sumpf hatte also wohl ziemlich viele und bequeme Uebergangsstellen. Kap. 11, 1 heisst es dann weiter: Caesar quum animadverteret, hostem complures dies castris *palude* et *loci natura* munitis se tenere neque oppugnari castra eorum sine dimicatione perniciosa, nec locum munitionibus claudi nisi a majore exercitu posse: literas ad Trebonium mittit etc. Sumpf und Hügel waren also hier ausgedehnter, als an dem VII, 19 beschriebenen Platze. Dann folgen die oben Kap. 13, 1 angegebenen Kämpfe.

Weil demnach hier die Räumlichkeiten grösser, vielleicht auch minder schroff waren: bot der Sumpf auch mehrere und bequemere Uebergangstellen dar, und dies ist gewiss auch der Grund warum Hirtius *hier* vielleicht auf Grund von Cäsars eignen schriftlichen Aufzeichnungen sagt: vada *transitus*que, während Cäsar selbst VII, 19 sich des Ausdrucks vada ac *saltus* bedient. Dort gingen auch die Bellovaken über den Sumpf und trieben mitunter die Römer zurück, der Kampf wogte herüber und hinüber. Dies ging aber VII, 19 nicht, weil der Raum zu eng und der Uebergang für den einen wie für den andern Theil nach der Zerstörung der Brücken viel zu mühsam und gefährlich war. Und eben weil Cäsar sah, dass selbst das Wagestück des *Hinüberspringens* seiner behenden und rührigen Römer zuviel Menschenleben kosten würde: so gab er das ganze Unternehmen, das überhaupt nur ein Handstreich sein sollte, auf. — Nach alle diesem wäre es sehr leicht möglich, dass saltus in der Bedeutung: Sprungstelle, Uebersprung, ein Kunstwort der Militärsprache oder der Vulgärsprache ist, wie wir sogleich unten von einem andern Ausdrucke zeigen werden.

Wir übersetzen: Auf diesem Hügel hielten sich die Gallier nach Abbruch der Brücken im Vertrauen auf die Vortheile des Platzes fest beisammen; und nach der Abstammung in Völkerschaften vertheilt hielten sie alle Stellen dieses Sumpfes, wo man durchwaden oder hinüberspringen konnte, besetzt.

Lib. II. cap. 7. §. 3. 4.

Itaque (Belgae) paulisper apud oppidum morati agrosque Remorum depopulati omnibus vicis aedificiisque, quos adire poterant, incensis ad castra Caesaris omnibus copiis contenderunt et *ab milibus* passuum minus *duobus* castra posuerunt; quae castra, ut fumo atque ignibus significabatur, amplius milibus passuum octo in latitudinem patebant.

In dieser Stelle ist der Ausdruck *ab milibus passuum minus duobus* von einigen Auslegern und Grammatikern verschieden erklärt worden. Andere lassen sich auf eine Erklärung gar nicht ein, sondern führen nur den Ausdruck als etwas auffallendes an; noch andere gehen mit Stillschweigen über die Schwierigkeit hinweg. Kraner sagt in seiner Anmerkung zu dieser Stelle: »Wenn der Ort, von welchem die Entfernung gerechnet wird, *nicht* angegeben wird: steht blos die Präposition ab vor dem Maasse — in einer Entfernung von —.« Allein *angegeben* wird der Ort allerdings; es ist nämlich das unmittelbar vorhergehende castra Caesaris; und auf diese Art wird *jedesmal*, so oft diese Redensart vorkommt, der Anfangspunkt der Messung deutlich genug angegeben. Schärfer schon ist die Erklärung von Krebs (Anleitung §. 190. S. 178): »Ist der Ort, von welchem an die Entfernung gerechnet wird, aus dem *Zusammenhange* bekannt: so steht oft vor dem Maasse die Präposition a (ab); z. B. sie schlugen ihr Lager 2000 Schritte davon entfernt auf, ab milibus passuum duobus«. Eine Vorstellung, welche dabei zu Grunde liege, wird weiter nicht entwickelt. Auch Berger fördert die Sache nicht weiter, wenn er in der 3. Ausg. seiner latein. Gramm. §. 164 Anm. sagt: Auffallend ist hier die bei Caesar vorkommende *Umstellung* der Präposition ab: A milibus passuum duobus Romanorum adventum exspectabant, d. i. 2000 Schritte *davon* (duobus milibus passuum *ab eo loco*)«. Das wäre aber keine blosse Umstellung, sondern zugleich ein elliptischer Ausdruck, wovon sich sonst weiter kein Beispiel findet, und *erklärt* ist damit nichts; wesshalb er in der 4. Ausgabe sich darauf beschränkt, zu sagen; »Zu merken ist dabei der Gebrauch der Präposition a (ab): Hostes ab milibus passuum minus duobus castra posuerunt == in einer Entfernung von weniger als 2000 Schritten«. — Will man indessen an eine Umstellung denken: so könnte man wohl den Gedanken scheinbar machen, es finde hier für örtliche Verhältnisse eine ähnliche Umstellung der Präposition a (ab) statt, wie sie sich Cicero und Livius mit der Präposition ante erlauben, wenn sie statt tertio die ante Calendas Martias sagen: ante dium tertium Calendas Martias. Allein in letzterer Redensart wird doch immer der Zeitpunkt Calendas, von welchem aus man zurückrechnet, ausdrücklich hinzufügt, während für die in Frage stehende *räumliche* Beziehung sich nichts der Art aus dem Sprachgebrauch anführen lässt, was jenem Calendas entspräche; sondern man drückt sich in diesem Falle immer vollständig so aus, wie Caes, b. g. I. 48: Ariovistus milibus passuum sex *a Caesaris castris* sub monte consedit. Hier wird durch den bekannten Ablativ des Maasses die Entfernung angegeben, in welcher Ariovist seine Stellung nahm.

Wenn ferner Kraner in der mehrerwähnten Anmerkung sagt, die Präposition *ab* heisse hier soviel als *in* einer Entfernung von —: so stände sie auf die Frage *wo?*, was doch nie und nirgends der Fall ist, auch überhaupt gar nicht möglich ist, sowenig als *per* auch wohl einmal *drinnen* heissen kann, sondern stets die *Bewegung* durch einen Raum *hindurch* anzeigt. Solche nebelhafte Vorstellungen verschmäht der Sprachinstinkt eines scharf und klar denkenden Volkes, wie es die Römer waren. Endlich fügt Kraner noch hinzu: »ab steht aber, weil die Entfernung *von dort aus* berechnet wird«, als hätte er gefühlt, dass er am Grundbegriffe der Präposition *ab* gefehlt und etwas Unmögliches behauptet habe. Er will uns hinterher glauben machen, ab könne auch absolut oder *adverbial* gebraucht werden, es könne soviel heissen, als milibus passuum duobus ab, sowie man sagt: multis annis *ante,* triduo *post* und dgl. Das wird aber wohl niemand beweisen können.

Es bleibt nach alle diesem schwerlich etwas anderes übrig, als auch hier wieder auf die *Grundbedeutung* zurückzugehen und von da aus zu versuchen, ob wir die Vorstellung gewinnen können, welche die Römer mit diesem nicht häufig und nur in einer bestimmten Sphäre gebrauchten Ausdrucke verbunden haben. Die Grundbedeutung von ab ist aber das *Ausgehen* von einem *festen Punkte* im Gegensatze von ad, welches die *Bewegung wohin* ausdrückt. Sonach entspricht es dem deutschen *von, von ... an, von ... her, von ... aus.* Wie mannigfaltig dann auch die *Anwendung* der Präposition ab in der Sprache ist: so muss sich doch immer eine Vorstellung entwickeln lassen, welche mit diesem Grundbegriffe wesentlich übereinstimmt. Es wird nun in unsrer Stelle von Caesar ausdrücklich hinzugefügt: quae castra, ut fumo atque ignibus significabatur, amplius milibus passuum octo *in latitudinem* patebant, d. h. es dehnte sich über eine Strecke von 1⅗ deutsche Meilen aus. Wir dürfen also getrost übersetzen: sie schlugen *von* kaum 2000 Schritten *an* ihr Lager auf. Dabei denken wir die Oertlichkeiten in folgender Reihe: zuerst kam das Lager Cäsars, alsdann die 2000 Schritte Zwischenraum, und vom *Endpunkte* dieses Wegmaasses an dehnte sich das feindliche Lager noch weiter 1⅗ deutsche Meilen weit aus. Wenn wir in dieser Vorstellung nichts unlogisches und nichts der Grundbedeutung zuwider laufendes finden: so bleibt uns noch der Nachweis übrig, dass auch *allen* andern Stellen ähnlicher Art, welche uns zu Gebote stehen, dieselbe Vorstellung zu Grunde liegt, welche wir für obige Stelle Cäsars erwiesen zu haben glauben. Nämlich

1) de bell. gall. II. 30, 3 heisst es: Ubi vineis actis aggere exstructo *turrim* procul constitui viderunt: primum irridere ex muro atque increpitare vocibus, quod tanta machinatio *ab tanto spatio* instrueretur. Hier fällt zuvörderst die Erklärung: »ab heisse *in* einer Entfernung von —« völlig zu Boden. Denn sonst müsste man übersetzen: sie lachten darüber, dass eine so gewaltige Maschine in einer Entfernung von solch einer Entfernung hergerichtet würde. Wogegen der Satz: sie lachten darüber, dass eine so grosse Maschine von einer solchen Entfernung aus gegen sie hergerichtet würde — nichts befremdendes zu haben scheint.

2) lib. IV. 22, 4. Es ist von der ersten Ueberfahrt Caesar's nach Britannien die Rede. Huc accedebant XVIII onerariae naves, quae ex eo loco ab milibus passuum octo vento tenebantur, quominus in eundem portum venire possent. Hier fühlt sich Kraner zu der Bemerkung gedrungen: »doch steht hier auffallend ex eo loco dabei, da diese Redeweise sonst nur Statt hat, wenn der Ort, von dem die Entfernung gerechnet wird, nicht angegeben ist«. Eine solche Flotte von 18 Schiffen konnte natürlich nicht auf einem Fleck bei widrigem Winde zusammenliegen; sondern die Schiffe bildeten, von Cäsars Hafen an 1⅗ Meilen in die See gerechnet, *weiterhinaus* eine Linie oder Gruppe, welche auf günstigen Seewind wartete, um einlaufen zu können.

3) lib. V. 32, 1. Die Feinde legen sich in einen Hinterhalt, um das abziehende Heer des Cotta und Titurius zu überfallen. At hostes, posteaquam ex nocturno fremitu vigiliisque de profectione eorum senserunt: collocatis insidiis bipertito in silvis opportuno atque occulto loco *a milibus passuum* circiter *duobus* Romanorum adventum exspectabant. Hier zeigt schon der Ausdruck bipertito, dass die Feinde nicht auf einem Punkte standen; sondern wie der Verlauf des unglücklichen Marsches zeigt, stand die erste Hälfte der

Feinde 1⅔ deutsche Meilen vom römischen Lager zur Seite in einem Hinterhalt *disseits* eines Thales, die andere Hälfte *jenseits*; und sobald das römische Heer in dies Thal hinabgezogen war: griffen jene von hinten, diese von vorn an. Wir dürfen also auch hier übersetzen: von etwa ⅔ deutsche Meilen an erwarteten die Feinde in gedeckter Stellung die Ankunft der Römer.

4) lib. VI. 7, 3. Die Trevirer ziehen mit einem grossen aus Fussvolk und Reiterei bestehenden Heere gegen den in ihrem Gebiete im Winterlager stehenden Labienus. Positis castris *a milibus passuum XV* auxilia Germanorum exspectare constituunt, — in respektvoller Entfernung *von* 3 deutschen Meilen an lagern sich gewiss auf keinem kleinen Raume die »magnae coactae peditatus equitatusque copiae Treverorum«.

5) lib. VIII. 36, 1. Re bene gesta Caninius ex captivis comperit partem copiarum cum Drappete esse in castris a milibus longe non amplius XII macht weiter gar keine Schwierigkeit; der Beisatz longe soll weiter unten erklärt werden.

6) de bello civ. I. 65. Cäsars Feinde, Afranius und Petrejus, hatten Ilerda in Spanien verlassen und waren über den Sicoris gegangen, um mittelst einer Brücke auch den Ebro zu überschreiten. Caesar folgt ihnen in einem starken Tagemarsche über den Sicoris, erreicht sie schon Nachmittags 3 Uhr und harçelirt sie. Illi necessario maturius quam constituerant castra ponunt. Suberant enim montes atque a milibus passuum *quinque* itinera difficilia atque angusta excipiebant. Hos intra montes se recipiebant, ut equitatum effugerent Caesaris. Die Feinde *suchten* die Berge und Engpässe zu gewinnen (Imperf. conatus); wurden aber von Cäsar überrascht und mussten sich noch auf der Ebene verschanzen. Also auch hier wieder der Anfangspunkt der Messung, das feindliche Lager, darauf eine deutsche Meile Weges noch in der Ebene und von deren Endpunkt an Gebirge und Engpässe.

7) Endlich Livius XXIV. 60. Fabius ab Suessola profectus Arpos primum instituit oppugnare. Ubi quum *a quingentis fere passibus* castra posuisset, contemplatus ex propinquo situm urbis moeniaque quae pars tutissima moenibus erat — ea potissimum aggredi statuit.

Also auch bei Livius dieselbe Wendung und dieselbe räumliche Vorstellung. Das römische Lager bildete nämlich ein grosses, in der Fronte und nach Innen weit ausgedehntes Viereck. Da aber die Entfernung vom Feinde eine sehr wichtige Rücksicht bei Bestimmung seines Ortes war: so war es natürlich, dass die in solchen Dingen scharf denkenden und sicher rechnenden Römer nicht aufs Ungefähre hin, sondern nach der Entfernung der Fronte oder der porta praetoria vom feindlichen Standquartiere ihre Ortsangaben machten, ähnlich wie wir die *Schussweite* genau bestimmen.

Wir haben es also hier lediglich mit einem *militärischen Kunstausdrucke* zu thun, den wir fast ausschliesslich bei Caesar finden und der wohl auch bei Livius aus irgend einer militärischen Quelle geflossen ist; möglich dass er aus der älteren Latinität oder aus der Sprache des gemeinen Lebens stammt, welcher Caesar auch einen andern, ähnlichen Ausdruck entlehnt. Es ist dies das Adverbium longe = weit, z. B. bell. gall. V. 47, 5: (Fabius) docet, omnes equitatus peditatusque copias Treverorum tria milia passuum *longe* ab suis castris consedisse. Derselbe Ausdruck findet sich VII, 16, 1. bell. civ. II. 37, 3. bell. al. 36; b. afr. 24. 67. 68. 77.

Es dürfte also für diese wenigen Fälle, in welchen die Präposition a (ab) auf ganz specielle Gegenstände und räumliche Verhältnisse des Kriegswesens angewandt wird, erwiesen sein, dass dieselben innerhalb der Grundbedeutung der gedachten Präposition stehen und dass die letztere auch hier nichts anderes bedeutet, als: von — an, von — her, von — aus.

Lib. VII. cap. 74, 1.

His rebus perfectis regiones secutus quam potuit acquissimas pro loci natura XIV milia passuum complexus pares ejusdem generis munitiones, diversas ab his, contra exteriorem hostem perfecit, ut ne magna quidem multitudine si ita accidat *ejus discessu* munitionum praesidia circumfundi possent.

Die Lesart an dieser Stelle ist vollkommen gesichert. Sowohl die Codices als die alten Ausgaben variiren gar nicht. Die Ausleger aber sind über die beiden Worte: ejus discessu in Verzweiflung. Die einen, wie Kraner, schliessen sie in kritische Klammern ein, was immer ein Zeichen der Rathlosigkeit ist. Was sollte aber einen Abschreiber bewegen, einen gar nicht erklärenden, sondern nur erschwerenden Zusatz in den Text aufzunehmen? Andere, wie Nipperdey, nehmen zu einer Aenderung der Lesart ihre Zuflucht und lesen ejus *accessu*, nämlich exterioris hostis. Aber wenn dies die ursprüngliche Lesart war: wie konnte ein Abschreiber diese leicht verständliche in eine sehr schwierige verwandeln? Umgekehrt gilt ja bei Kritikern der Grundsatz, dass die schwerere Lesart in der Regel vor der leichteren den Vorzug verdiene. — Betrachten wir also auf Grundlage des gesicherten Textes die Lage der Sachen, wie sie uns in diesem und dem vorhergehenden Kapitel geschildert wird. Vercingetorix hatte nach Kap. 71 seine Reiterei mit dem Auftrage entlassen, dass jeder zu seinem Volke heimkehren und seine Stammesgenossen bewegen solle, eine allgemeine Erhebung aller streitbaren Mannschaft, einen allgemeinen Landsturm zu organisiren und mit demselben den in Alesia eingeschlossenen 80000 Menschen von Aussen zu Hülfe zu kommen. Caesar hatte davon Kunde erhalten, wie eben sein Bericht Kap. 71 und die Worte unseres Kapitels: contra exteriorem hostem,

2*

si ita accidat — bezeugen. Daher legt derselbe auf der Nord- und Nordostseite seines so eben mit ausgezeichneter Kunst gegen Alesia hin befestigten Lagers (Kap. 72. 73.) eben so ausgedehnte (pares) und eben so beschaffene (ejusmodi generis) Schutzwehren an. Er wählt dazu ein möglichst ebenes Terrain aus (regiones secutus quam potuit aequissimas) und schliesst mit seinen Verschanzungen einen Raum von 14000 Schritten, d. h. von beiläufig 3 deutschen Meilen (zu 5000 Schritten gerechnet) ein. Denkt man sich demzufolge die gesammten Verschanzungen des 72. 73 und 74. Kapitels als Eine geschlossene Kurve: so hatte dieselbe einen Durchmesser von beiläufig einer deutschen Meile, d. h. so weit waren die Alesia gegenüber liegenden Werke, wo Cäsar sein Hauptquartier hatte, von den äussersten Punkten der Kap. 74. neu angelegten Werke entfernt. Wir dürfen uns über die Weitläufigkeit solcher Verschanzungen nicht wundern; denn Kap. 69 wird gesagt: Ejus munitionis, quae ab Romanis instituebatur circuitus XI milia passuum tenebat, d. i. 2⅕ deutsche Meile und es gehörten 23 Kastelle dazu. Ebenso dehnte sich das oben (II. 7) erwähnte Lager der Belgen mehr als 1⅘ deutsche Meilen weit aus. Wenn nun jener Landsturm, der jede Stunde heranrücken konnte, unvermuthet oder zur Nachtzeit herankam, und Cäsar hätte gar keine oder nur leichte und schwache Verschanzungen im Rücken gehabt: so konnte der Feind schon grosse Vortheile errungen haben, vielleicht schon gar in diese Befestigungslinien eingedrungen sein und Cäsars Hauptmacht im Rücken bedrohen, ehe nur Cäsar davon Kunde erhielt oder ehe seine persönliche Herankunft, wozu die doppelte Zeit erfordert wurde, die Seinigen ermuthigen und ehe seine Geistesgegenwart den Sturm zurückschlagen konnte. Denn das wusste er wohl, dass bei so schwierigen Verhältnissen seine Officiere weder die nöthige Geistesgegenwart noch auch das erforderliche Vertrauen der Soldaten besassen; sondern dass von seiner Persönlichkeit allein der glückliche Erfolg abhänge, wie sich das auch in allen seinen Kriegen bewährt hat. Vgl. z. B. bell. gall. II. 20., den Kampf mit den Nerviern. Auch weiter unten VII. 87. 88 in der Entscheidungsschlacht vor Alesia leiden die Seinen anfangs Noth und werden zurückgedrängt. Sobald sie aber den rothen Feldherrnmantel erblicken: durchdringt frische Begeisterung seine Schaaren, Siegsgeschrei empfängt den herannahenden Feldherrn von allen Seiten, sie stürzen sich in den gefährlichsten Kampf, jede Kombination gelingt und bald ist der welthistorische Sieg erfochten — hostes terga vertunt. — Besonders lehrreich in dieser Beziehung ist auch bell. afric. cap. 10. und die Schlacht bei Munda liefert gleichfalls einen Beleg.

Aus diesen Gründen befestigte Caesar die Kap. 74 erwähnten Aussenwerke mit eben solcher Kunst, wie die innern, Alesia gegenüberliegenden, was wir auch aus des Critognatus weiter unten Kap. 77. angeführter Rede ersehen, wo dieser sagt: Quid ergo? Romanos in illis ulterioribus munitionibus animine causa quotidie exerceri putatis? Si illorum nuntiis confirmari non potestis omni aditu praesepto, his utimini testibus appropinquare eorum adventum; cujus rei timore exterriti diem noctemque in opere versautur. Sodann aber war noch ein Fall zu berücksichtigen, wenn nämlich der äussere und der innere Feind, jener Landsturm und Vercingetorix zu gleicher Zeit einen Angriff machten, wo dann Caesar immer nur an einer Stelle gegenwärtig sein konnte. Gerade diesen Fall haben auch die Feinde selbst im Auge, wenn Kap. 76. 5, 6 gesagt wird: Omnes alacres et fiduciae pleni ad Alesiam proficiscuntur; neque erat omnium quisquam, qui adspectum modo tantae multitudinis sustineri posse arbitraretur praesertim *ancipiti proelio*, quum ex oppido eruptione pugnaretur, foris tantae copiae equitatus peditatusque cernerentur.

Unter solchen drohenden Verhältnissen musste nun Caesar seine Massregeln treffen und die Worte: si ita accidat ejus discessu sind im Zusammenhange eben so nothwendig als leicht verständlich: wenn ein widriges Geschick es *in seiner Abwesenheit* einmal so fügen sollte, dass die Besatzungen in seinen Schanzen von jener Uebermacht überrumpelt würden. Ejus discessu ist aber ganz einfach ein Ablativus temporis = si quando discessisset oder per ejus discessum. Es ist wohl kaum nöthig, einen Beweis hierfür zuliefern. Zumpt (Latein. Gramm. Kap. 74. 12. a §. 475 Anm.) erwähnt unter den mancherlei Ablativis temporis ausdrücklich unser discessu sowie das ähnliche adventu. Berger Lat. Gr. §. 162. 73. Cicero aber braucht an zwei Stellen ganz denselben Ausdruck. Parad. IV. 2, 30 redet er den Clodius an: Cur hostis Spartacus, si tu civis? potes autem esse tu civis, propter quem aliquando civitas non fuit? et me tuo nomine appellas, quum omnes *meo discessu* exsulasse rempublicam putent? Ganz ebenso Cic. leg. II. 17: Omnia tum perditorum civium scelere, *discessu meo*, religionum jura polluta sunt. Cicero braucht bekanntlich von seiner Verbannung nie den Ausdruck exsilium; sondern sagt immer nur: discessu meo oder quum abessem.

Sonach dürfte wohl nicht zu bezweifeln sein, dass in unserer Stelle die Worte ejus discessu kritisch ganz unverdächtig sind und soviel heissen, als: in seiner Abwesenheit.

Werfen wir nun bei Gelegenheit dieser Stelle noch einen flüchtigen Blick auf das gesammte Trauerspiel vor Alesia: so sind es hauptsächlich drei Dinge, welche sich für uns daraus hervorheben. Zuerst müssen wir den Sieg, welchen Cäsar hier über die Gesammtmacht der Gallier erfocht, als ein welthistorisches Ereigniss und als entscheidend für dessen künftige Bedeutung in der Weltgeschichte erkennen.

Wir lernen ferner in der Weise, wie Cäsar alle Gefahren und Schwierigkeiten überwand und seinen Sieg durchführte, seine Geisteskraft bewundern, welche ihn befähigte.

auch in der höchsten Gefahr dem Gegner den Vortheil abzugewinnen und Herr der Lage zu bleiben. — Endlich liefert uns die Fügung der vorhergehenden Begebenheiten einen neuen Beweis dafür, dass Cäsar, wie alle grossen Männer der Geschichte, unter dem besondern Schutze einer höheren Macht stand, welche alle menschliche Berechnung durchkreuzt und durch anscheinend geringfügige Umstände ihren von niemand geahneten Plan durchführt.

Vercingetorix, der einzige Mensch in ganz Gallien, der sich mit Cäsar an Talent und Tapferkeit messen konnte, hatte es auf einen Volkskrieg, einen Kampf auf Leben und Tod abgesehen. Es war ihm bereits gelungen, seinen Gegner vor Gergovia zurückzuschlagen. Cäsar muss abziehen, ihm das südliche Celtenland Preis geben und seine Vereinigung mit Labienus suchen, um so als Meister der Schlachten entweder mit Einem Hauptschlage den Gegner zu vernichten, oder im Falle des Misslingens sich in die Provinz zurückzuziehen. Er geht über die Loire zurück; Vercingetorix folgt ihm mit seiner ganzen Macht auf dem Fusse und nachdem er noch bedeutende Verstärkungen an Fussvolk und Reiterei an sich gezogen: erklärt er Kap. 66. in seinem Kriegsrathe: Venisse tempus victoriae. Fugere in provinciam Romanos Galliaque excedere. Id sibi ad praesentem obtinendam libertatem satis esse; ad reliqui temporis pacem atque otium parum profici: majoribus enim coactis copiis reversuros neque finem bellandi facturos. Proinde agmine impeditos adorirentur. Darauf lässt Vercingetorix von allen Seiten her angreifen. Cäsar muss Halt machen und die Schlacht annehmen. Kap. 67. Consistit agmen, impedimenta intra legiones recipiuntur. Gewiss würde nun Vercingetorix, wenn er hier schon gesiegt und Cäsar seine eigne Niederlage hätte überleben wollen, denselben hingerichtet haben, besonders nachdem Cäsar erst kurz vorher (VI. 44) an Acco eine grausame Todesstrafe vollzogen, worüber sich die gallischen Fürsten erbittert zeigen und Aehnliches für sich selbst fürchten (VII. 1, 4); und Vercingetorix hatte Verstand genug, um sein eignes Schicksal im Falle der Niederlage vorauszusehen, dass er nämlich im Triumphe zu Rom aufgeführt und dann hingerichtet werden würde, wie uns dies Dio Cassius berichtet. Wäre er also Sieger geblieben: so gab es seit dem Jahre 52 vor Chr. keinen Cäsar mehr, oder wenn er sich durch die Flucht gerettet hätte: so ging es ihm, wie Napoleon I. nach dem Uebergange über die Beresina, er hatte keine Veteranen mehr, kein erprobtes, ihm über alles ergebenes Heer. Ohne letzteres aber waren die Siege bei Pharsalus, bei Thapsus, bei Munda unmöglich, Cäsar wurde nicht Herr der Welt. Seine ganze Zukunft hing also von dem Siege hier oder bei Alesia ab, und dieser war sonach ein welthistorisches Ereigniss.

Dass ferner Cäsars Geist und die persönliche Allgewalt über seine Soldaten es war, die ihm überall den Sieg verschaffte, davon liefert auch der Kampf vor Alesia einen merkwürdigen Beweis, auf den wir weiter unten ausführlicher zurückkommen werden. Seine Dispositionen waren überall meisterhaft; aber auch in ganz unvorhergesehenen

Gefahren, hier wie einst beim Ueberfalle der Nervier (II. 20 ff.), im entscheidenden Augenblicke bei Munda u. a. zeigt sich gerade im fürchterlichsten Gedränge der Geist Cäsars erhaben über alle Wogen des Kampfes; und als wäre grade die höchste Gefahr immer die Geburtsstätte seiner genialen Erfindungen: so ergreift er erst in solchen Momenten, wo alles auf dem Spiele steht, mit ruhiger Besonnenheit und überraschender Schnelligkeit das einzige und sichere Rettungsmittel, wodurch der Sieg auf seiner Seite bleibt.

Aber — und dies mag das Letzte sein, worauf wir aufmerksam machen wollen — Cäsar konnte die vorhandene Lage, die sich bietenden Schwächen der Gegner nicht benutzen, sein Scharfblick konnte im entscheidenden Momente nicht den glücklichen Griff thun: wenn nicht *eine höhere Macht*, vor welcher es keinen Zufall gibt, alles bis auf die kleinsten Umstände *vorbereitete*. Cäsar aber war dann jedesmal der Mann dazu, seinerseits nicht auf sich warten zu lassen. So war es bei dem durch Vercingetorix hervorgerufenen allgemeinen Aufstande Galliens soweit gekommen, dass Cäsar sich auf keine Völkerschaft, selbst auf seine bisher so getreuen Häduer mehr verlassen konnte. Nun hatte Cäsar in allen seinen gallischen Kriegen nie eigne, römische Reiterei; sondern er hob sie in jedem Frühjahre von den gallischen Völkerschaften aus. Sie war jedoch auch wenig tapfer und nie zuverlässig. Jetzt aber würde ihm keine einzige gallische Völkerschaft auch nur die kleinste Abtheilung Reiterei gestellt haben. Selbst die Häduer waren nach Kap. 37. 63. und 76. ganz von ihm abgefallen. Auch von der Provinz und von Italien war er gänzlich abgeschnitten. In dieser höchst misslichen Isolirung liess ihm das Schicksal nur Einen Weg offen; und Cäsars Scharfblick entdeckte und benutzte alsbald seinen Wink. Er sagt Kap. 65, 4: Caesar, quod hostes equitatu superiores esse intelligebat et interclusis omnibus itineribus nulla re ex provincia atque Italia sublevari poterat, *trans Rhenum in Germaniam mittit* ad eas civitates, quas superioribus annis pacaverat, *equitesque* ab his arcessit et *levis armaturae pedites*, qui inter eos procliari consuerant. Dass diese Germanen kräftiger, tapferer und zuverlässiger waren, als die Gallier, wissen wir zwar auch anders woher; aber Cäsar stellt ihnen auch selbst VI. 24, 4—6. dieses Zeugniss aus, wo er sagt, die Gallier seien *früher* wohl in Germanien eingedrungen. *Nunc* quidem in eadem inopia, egestate patientiaque *Germani* permanent, eodem victu et cultu corporis utuntur; *Gallis* autem provinciarum propinquitas et transmarinarum rerum notitia multa ad copiam atque usus largitur: paullatim *assuefacti superari multisque victi proeliis* ne se quidem ipsi cum illis virtute comparant. Diese tapfere germanische Reiterei und das mit ihr eng verbundene Fussvolk, welche überdies noch von Nationalhass glühten, brachen Cäsarn erst die Bahn zum Siege und thaten sich bei jeder Gelegenheit glänzend hervor. Cäsar sah sich nämlich, als er nach seiner Wiedervereinigung mit Labienus (VII. 62, 10) durch das südliche Ende des Lingoner-Gebietes in das der Sequaner sich zurückzog (Kap. 66), um sich als letzte Möglichkeit einen Weg in die Provinz zu bahnen, von den Schaaren des Vercingetorix von allen Seiten umringt; er muss die Schlacht annehmen und das Gepäck in die Mitte der Legionen stellen. Kap. 67, 3: Pugnatur una omnibus in partibus. Consistit agmen; impedimenta intra legiones recipiuntur. Der Kampf wogt hin und her und nicht auf jedem Punkte sind die Römer siegreich. Tandem *Germani* ab dextro latere *summum jugum nancti* hostes loco depellunt; fugientes usque ad flumen, ubi Vercingetorix cum pedestribus copiis consederat, persequuntur compluresque interficiunt. Qua re animadversa reliqui, ne circumirentur, veriti se fugae mandant. Omnibus locis fit caedes. So ist also die Lage durch die Tapferkeit der *Germanen* eine ganz andere geworden; Cäsar ist aus der Defensive gerettet und kann wieder zum Angriff übergehen. Vercingetorix ist von der Höhe des Plateaus von Langres, die er bisher glücklich behauptet hatte, den nördlichen Abhang hinab in das Thal der Yonne gedrängt und sieht sich sehr im Nachtheile. Da wirft er sich in die Mandubier-Feste Alesia und verschanzt sich darin. Das war freilich ein taktischer Fehler; wahrscheinlich hoffte er auch hier mit Cäsarn eben so glücklich fertig zu werden, wie er ihn von Gergovia zurückgeschlagen hatte. Doch das Terrain war hier ein ganz anderes; Cäsar hatte jetzt durch seine Vereinigung mit Labienus seine ganze Streitmacht beisammen; die Menschenmenge, die Vercingetorix bei sich hatte, war nach Kap. 71. unterwegs auf 80,000 Mann angeschwollen und er berechnete wohl schwerlich, dass Cäsar durch die wider Erwarten an sich herangezogenen Germanen ein entscheidendes Uebergewicht gewonnen hatte. Diese Germanen nämlich geben in allen folgenden, meist sehr hartnäckigen Kämpfen den Ausschlag. Sobald Cäsar die Festung vollständig eingeschlossen, heisst es Kap. 70: Opere instituto fit equestre proelium in ea planicie, quam intermissam collibus tria milia passuum in longitudinem patere supra demonstravimus. Summa vi ab utrisque contenditur: Laborantibus nostris Caesar *Germanos* submittit. Dadurch kommen die Römer wieder zum Stehen, ja sie drängen die Feinde in die Flucht. *Germani* acrius usque ad munitiones sequuntur. Fit magna caedes . . . . . Vercingetorix jubet portas claudi, ne castra nudentur. Multis interfectis, compluribus equis captis *Germani* sese recipiunt.

Auch bei einem andern, von Cäsar selbst veranlassten Kampfe werden die Römer von der gallischen Ueberzahl und der feindlichen Reiterei ins Gedränge gebracht. Endlich heisst es Kap. 80, 6: Quum a meridie prope ad solis occasum dubia victoria pugnaretur, *Germani* una in parte confertis turmis in hostes impetum fecerunt eosque propulerunt. — Item ex reliquis partibus nostri cedentes usque ad castra insecuti sui colligendi facultatem non dederunt.

Endlich nachdem der von Vercingetorix aufgebotene Landsturm herangekommen war, Cäsar aber auch seinerseits alle Befestigungsarbeiten vollendet und alle Vorsichtsmassregeln getroffen hatte: naht die entscheidende Stunde. Und auch in dieser zeigen sich die *Germanen* als die Bahnbrecher und als die Hauptwerkzeuge zum vollständigen Siege.

Nachdem Kap. 83. die Entscheidungsschlacht schon lange begonnen: hatte der gallische Landsturm den nordöstlichen Hügel durch seine Ueberzahl genommen und die in den dortigen Schanzen befindlichen Römer mit ihren Massen schon fast erdrückt (Kap. 85). Auch auf dem Hauptkampfplatze vor Alesia werden die Römer zurückgedrängt und die Gallier machen Anstalten, das Lager zu ersteigen (Kap. 86). Da schickt Cäsar nach einander zwei Legaten ins Haupttreffen. Er selbst führt zuletzt frische Truppen zu Hülfe. Jetzt wird der Kampf wieder überall von Neuem aufgenommen; und in diesem Augenblicke tritt ihm der rettende Gedanke vor die Seele. Er lässt die germanische Reiterei um jenen nordöstlichen Hügel herum reiten, um dem Feinde in den Rücken zu fallen, während er sich persönlich mitten in den Kampf begibt, wo ihn sein purpurner Feldherrnmantel allen seinen Leuten sowohl in der Ebene als auch von den Hügeln her kenntlich macht. Und nun ist der welthistorische Moment gekommen (Kap. 88). Ut de locis superioribus haec declivia et devexa cernebantur, nostri proelium committunt. Utrimque clamore sublato excipit rursus ex vallo atque omnibus munitionibus clamor. Nostri omissis pilis gladiis rem gerunt. Repente post tergum *equitatus* (Germanorum) cernitur; cohortes aliae appropinquant. *Hostes terga vertunt;* fugientibus equites occurrunt. Fit magna caedes . . . . . De media nocte missus *equitatus* novissimum agmen consequitur: magnus numerus capitur atque interficitur; reliqui ex fuga in civitates discedunt. Vercingetorix selbst wird ausgeliefert und die Gesammtmacht der Gallier erleidet eine entscheidende Niederlage.

Diesen tapferen germanischen Schaaren, an welche ihn sein günstiges Geschick gewiesen, verdankte Cäsar hauptsächlich neben seinem in den gallischen Feldzügen wohlgeübten Heere, den grossen Sieg bei Pharsalus, in Folge dessen sein grösster Gegner, Pompejus, fiel. Dadurch waren die weiteren Siege bei Thapsus, bei Munda und über alle seine Gegner in der Hauptstadt bedingt; er wurde Alleinherr zu Rom. Die Götter, deren fortwährende Gunst in seinem Leben er mit vollem Bewusstsein anerkannte (b. afr. 74), liessen ihn alles das erreichen, wozu sie ihn ausersehen und wozu er den Beruf in sich fühlte. Er durfte, um modern zu reden, seine Mission erfüllen. Von ihm darf die Geschichte behaupten, was sie von einem andern Beherrscher eines Weltreiches, von Kaiser Karl V. verneinen muss: er konnte, was er wollte und er durfte, was er sollte. Er durfte die höchste Stufe menschlicher Macht und menschlichen Glückes ersteigen, — der Name, der allein noch fehlte, that nichts zur Sache, — bis er im Gefühle zunehmender körperlicher Kränklichkeit äusserte: er habe genug gelebt; er habe auch der Macht und des Ruhmes genug genossen; ein unerwarteter Tod sei ihm der liebste. Auch diesen gewährten ihm die Götter. Und so erscheint uns Cäsar als ein Mann von der umfassendsten geistigen Begabung, als ein Sterblicher, welcher den grössten Heroen aller Zeiten beizuzählen ist; der vom Schicksal begünstigt eine Stufe der Macht nach der andern bis zur höchsten durch seine eigne Kraft erstieg, dabei für alle Lagen des Lebens die weise Mässigung in sich selbst fand und darum seine Zeit abwartete, nie sich überstürzend, weder im Eroberungsfieber wie Alexander, noch in unersättlicher Herrschsucht wie Napoleon I., stets klar und seiner selbst gewiss, stets menschenfreundlich und milde, offen und wahr, selbst dem erbitterten Gegner zuerst die Hand der Versöhnung bietend, eine Persönlichkeit, ganz für den Thron eines Weltreichs geschaffen, in allem vollendet wie ein Meisterwerk des klassischen Alterthums.